DE LA

COLONIE DE FITZ-JAMES

SUCCURSALE

DE L'ASILE PRIVÉ D'ALIÉNÉS

DE CLERMONT (Oise)

PARIS. — IMPRIMERIE SIMON RAÇON ET COMP., RUE D'ERFURTH, 1.

DE LA

COLONIE DE FITZ-JAMES

SUCCURSALE

DE L'ASILE PRIVÉ D'ALIÉNÉS

DE CLERMONT (OISE)

CONSIDÉRÉE AU POINT DE VUE DE SON ORGANISATION ADMINISTRATIVE ET MÉDICALE

PAR

LE DOCTEUR GUSTAVE LABITTE

Médecin en chef de l'Établissement

ILLUSTRÉ D'UNE VUE PANORAMIQUE ET D'UN PLAN DE L'ÉTABLISSEMENT

PARIS
J. B. BAILLIÈRE ET FILS
LIBRAIRES DE L'ACADÉMIE IMPÉRIALE DE MÉDECINE
19, rue Hautefeuille, 19

1861

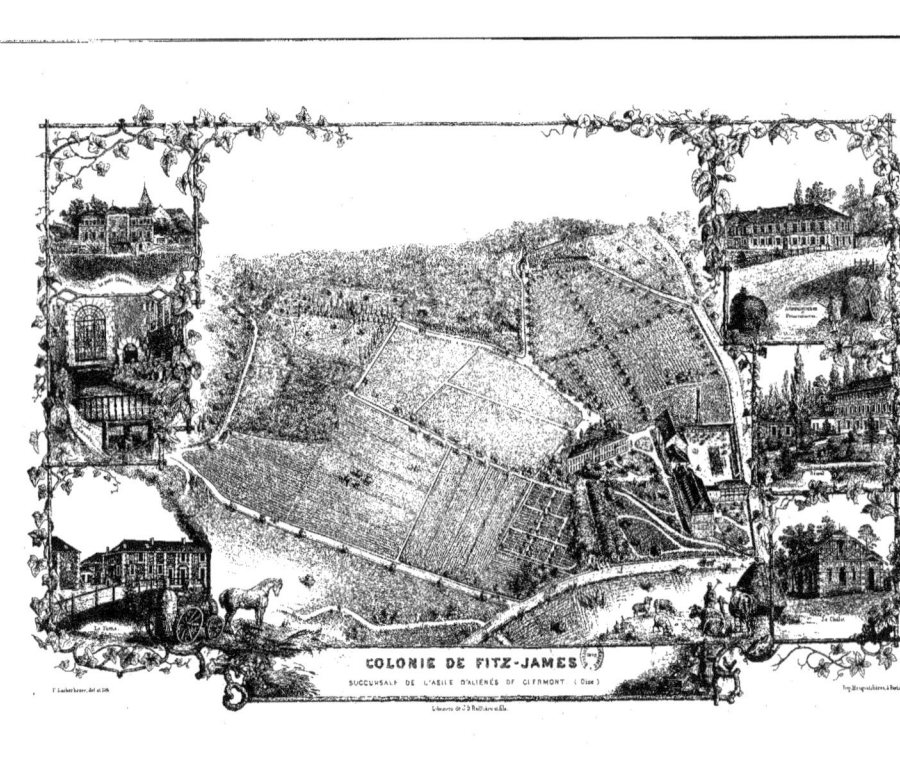

COLONIE DE FITZ-JAMES
SUCCURSALE DE L'ASILE D'ALIÉNÉS DE CLERMONT (Oise)

AVANT-PROPOS

Si le travail, et surtout le travail des champs, est aujourd'hui généralisé dans tous les asiles d'aliénés, comme un des moyens de traitement les plus efficaces et une des ressources d'économie administrative les plus avantageuses, le système de colonisation tel qu'il est suivi à l'asile de Clermont n'est encore appliqué dans aucun autre établissement. Nous croyons donc intéresser tous ceux qui s'occupent de cette grande question d'organisation des asiles d'aliénés en faisant connaître ce qui existe depuis longtemps à la colonie de Fitz-James.

Ce qui fait le sujet de ce Mémoire est le résultat de douze années d'expérience administrative et médicale. Aussi les considérations que nous en déduisons sont-elles l'expression d'une conviction profonde et n'impliquent pas la moindre intention de critique de notre part.

La création de la colonie de Fitz-James date de 1847. A cette époque, la direction de tous les services était ainsi partagée : un de nos frères, M. Auguste Labitte, était à la tête de l'administration; un autre, M. Alexandre Labitte, avait la surveillance des travaux agricoles; M. le docteur Woillez dirigeait le service médical des femmes et nous celui des hommes (1). Cette répartition de fonctions, qui a permis à chacun de nous de rester dans ses attributions respectives, et surtout la communauté d'idées, d'intérêts et d'affection qui nous lie, ont grandement facilité l'exécution de nos projets.

Le travail des champs se faisait alors sur une assez grande échelle; il s'étendait sur une superficie de quarante hectares de terres labourables réparties aux environs de la ville; une petite ferme, servant à l'exploitation de ces terrains, était construite au milieu de l'asile.

Mais cette disposition des terres ainsi divisées et l'emplacement de la ferme ne convenaient pas à l'idée que nous nous faisions d'une organisation du travail appliqué d'une manière utile au traitement des malades et profitable à l'établissement. Il n'était guère possible, en effet, de faire concorder la régularité des services de l'asile avec l'exigence d'une assez grande exploitation agricole; la surveillance des travailleurs, se pratiquant sur une grande étendue de terres disséminées de toutes parts, était devenue assez difficile; et surtout nous voulions placer les ma-

(1) Le service médical resta ainsi divisé jusqu'en 1850, époque de la retraite de M. Woillez; depuis, nous en avons toujours conservé toutes les directions. Aujourd'hui nous sommes secondé par M. le docteur Pain, médecin adjoint, deux médecins internes et un pharmacien.

lades dont nous appréciions depuis longtemps la docilité dans des conditions de liberté qu'interdisait la vie disciplinaire, presque toujours obligatoire, de tout asile assez considérable.

Pour remédier à cet état de choses, nous adjoignîmes une propriété située à 1 kilomètre de Clermont et qui nous présentait toutes les garanties d'habitations salubres et agréables, en même temps que les moyens d'un agrandissement facile dans l'avenir. Celui de nous qui avait la direction des travaux agricoles s'y installa avec quarante aliénés valides et tranquilles. Ce fut le noyau de la colonie actuelle.

Ce premier essai dépassa nos espérances, et bientôt de nouvelles constructions furent jugées nécessaires pour y placer un plus grand nombre de malades.

Toutes les sections qui composent aujourd'hui la colonie furent ainsi successivement organisées; et les propres ressources de cet établissement ont toujours été les seuls éléments de cet agrandissement progressif.

Aujourd'hui la colonie fonctionne d'une manière complète depuis quatre ans, et chaque jour nous avons à en constater le succès par l'amélioration plus prompte que nous reconnaissons dans l'état mental des malades qui sont susceptibles de guérison, et par la facilité que nous trouvons à diriger et à occuper ceux qui d'abord étaient regardés comme indociles et incapables de rendre le moindre service.

Nous sommes donc convaincu que ce système de colonisation est le plus efficacement applicable pour arriver au *no restraint* et à la *vie à l'air libre*, qui font actuellement le sujet de tant de dissertations. Toute idée de contrainte et de séquestration ne tend-elle pas à disparaître, en effet, dans un séjour qui ne présente aucun caractère de réclusion, et où chacun retrouve avec une liberté aussi large que possible ses occupations habituelles, et rencontre dans une vie en commun sagement dirigée l'exemple de l'ordre et du travail?

Aussi nous ne doutons pas qu'avec les idées de progrès qui se manifestent de jour en jour dans les asiles d'aliénés, chaque établissement ne fonde dans un avenir prochain de semblables colonies.

DE LA COLONIE DE FITZ-JAMES

I

DESCRIPTION DE LA COLONIE.

La colonie de Fitz-James est située à 2 kilomètres de Clermont, dans la vallée de la Brèche et sur le territoire du village de Fitz-James. Elle a vue, d'un côté, sur le chemin de fer du Nord et le versant nord-est de la ville de Clermont, et, de l'autre, sur une étendue de campagne de 15 à 20 kilomètres. (*Voir le plan.*)

Une superficie de 40 hectares, entourée par la rivière de la Béronnelle et un mur, renferme tous les corps d'habitation et d'exploitation destinés aux pensionnaires et aux colons.

L'exploitation agricole comporte 200 hectares de terres labourables d'un seul tenant; l'heureuse disposition de ces terres fait qu'on peut les embrasser d'un seul coup d'œil, et surveiller facilement la conduite et les travaux des malades.

La colonie est divisée en quatre sections, parfaitement distinctes l'une de l'autre, et ayant chacune sa destination particulière.

Ce sont :

1° La *section de la direction*, affectée à l'habitation du directeur et des hommes pensionnaires;

2° La *section de la ferme*, où restent les colons;

3° La *section du petit château*, habitée par des dames pensionnaires;

4° La *section de Bécrel*, occupée par les femmes employées au blanchissage du linge.

La population de toutes ces sections est de 306 malades :

Colons.	Hommes.	170
	Femmes	87
Pensionnaires.	Hommes.	21
	Femmes.	28
		306

1° La *section de la direction* comprend un bâtiment à un étage, habité par le directeur et par les malades pensionnaires. Ce bâtiment a vue, d'un côté, sur la ferme et ses dépendances situées à l'extrémité de vastes pelouses traversées par la Béronnelle, sur la ville de Clermont et la vallée de la Brèche; de l'autre côté, sur des prairies, la section de Bécrel et le village de Fitz-James. (*Voir le panorama et le plan de la colonie.*)

La partie de cette habitation destinée aux pensionnaires se compose :

Au rez-de-chaussée, d'une salle de billard et de réunion, d'une salle à manger, d'une chambre de maître et d'un salon servant de parloir; au premier, de vingt chambres de maîtres.

Les malades qui habitent cette section sont des incurables tranquilles et des convalescents.

2° La *section de la ferme* comprend l'habitation des colons et la ferme.

Le corps de bâtiment des colons est complétement séparé de

la ferme. Il a vue, d'un côté, sur la ville de Clermont, la section de la direction et la vallée de la Brèche; de l'autre, sur la plaine des terres d'exploitation.

Il se compose d'un rez-de-chaussée occupé par les appartements du médecin, la cuisine et trois vastes pièces qui servent de réfectoire et de salles de réunion; d'un premier et d'un second étages divisés en cinq dortoirs.

Une cour spacieuse, plantée d'arbres, de gazon et de fleurs, est affectée à cette habitation.

Les bâtiments d'exploitation de la ferme occupent une superficie de 2 hectares.

Ils se composent d'une écurie pour 20 chevaux, d'une grange avec sa machine à battre, etc., d'un moulin à farine mû par une machine à vapeur, de porcheries pour une centaine d'animaux, d'une vacherie pour 30 bêtes, d'une bouverie pour les animaux à l'engrais, d'un abattoir, de bergeries pour 300 moutons, de vastes charreteries couvertes pour les voitures et les instruments aratoires, d'ateliers de menuisiers, serruriers, etc., etc.

La fosse à fumier est placée au milieu de la cour, sur laquelle donnent toutes les issues des bâtiments.

Un chalet suisse construit sur le cours de la Béronnelle renferme une roue hydraulique, qui distribue l'eau dans la ferme et fait marcher un moulin pour la fabrication du cidre.

Deux salles de bains affectées aux pensionnaires et aux colons sont placées près de la machine à vapeur. Ces salles contiennent trois baignoires avec tous leus appareils spéciaux.

3° La *section du petit château*, destinée aux dames pensionnaires, est une maison de campagne située à l'extrémité de l'enclos de la colonie; elle touche au village de Fitz-James et est séparée des prairies de la ferme par la petite rivière de la Béronnelle.

Elle a vue, dans le lointain, sur la ferme et la section de la direction.

Cette propriété occupe une superficie de 5 hectares plantés en pelouses et en parc. Le corps d'habitation se compose d'un rez-de-chaussée, où sont une salle à manger, un salon et trois chambres de maître, et d'un premier divisé en cinq chambres.

Dans des bâtiments servant de communs sont établis la cuisine, les bûchers et une salle de bains.

Les dames qui habitent cette section sont des malades incurables tranquilles, ou des convalescentes.

4° La *section de Bécrel* est située aussi à l'extrémité de l'enclos de la colonie, et a vue, comme la section du petit château, sur la ferme et les coteaux de la vallée de la Brèche. Elle est habitée par 107 femmes, qui toutes sont occupées au blanchissage du linge de l'établissement de Clermont et de la colonie.

Cette section comprend le corps d'habitation des malades et les bâtiments de la blanchisserie.

L'habitation des malades se compose d'un rez-de-chaussée divisé en appartements pour la surveillante en chef, en un promenoir et un réfectoire pour 87 indigentes, et un salon et une salle à manger pour 20 pensionnaires, et d'un premier étage partagé en trois dortoirs.

Les bâtiments de la blanchisserie font face à l'habitation des malades.

Ils se composent, au rez-de-chaussée, d'un atelier de pliage du linge, de deux pièces pour le dépôt du linge sale, d'une salle de bains renfermant deux baignoires, d'une buanderie, et enfin d'un lavoir couvert traversé dans toute sa longueur par la Béronnelle et disposé de façon que les malades travaillent debout. (*Voir le panorama*).

Au premier étage sont deux séchoirs à air chaud, et au second un séchoir à air libre.

Tous ces bâtiments d'habitation et d'exploitation entourent une cour de 1 hectare, plantée d'arbres, de gazon et de fleurs.

II

ORGANISATION ADMINISTRATIVE ET RELIGIEUSE.

L'administration de la colonie dépend de celle de l'asile de Clermont, et, tout en ayant son organisation particulière, reste toujours sous la direction de M. Auguste Labitte.

Cette administration est ainsi organisée :

M. Alexandre Labitte, sous-directeur, est à la tête des services administratifs et dirige seul les travaux agricoles.

Il a sous ses ordres :

Un employé comptable, un surveillant chef pour les sections des pensionnaires et de la ferme, une surveillante chef pour la section du petit château et une pour celle de Bécrel; enfin tout le personnel de la colonie, qui se compose de 32 hommes et 13 femmes répartis ainsi :

Pour le service de la section de la direction.

8 Domestiques.

Pour la section de la ferme.

7 Chefs d'escouade,
4 Gardiens,
7 Charretiers,
2 Vachers,

1 Berger,
1 Meunier,
1 Boucher,
1 Chef mécanicien,
1 Cuisinière.

Pour la section du petit château.

4 Domestiques.

Pour la section de Bécrel.

3 Gardiennes,
5 Chefs d'atelier.

Le curé de Fitz-James est l'aumônier de la colonie. Les malades des deux sexes vont chaque dimanche entendre le service religieux à l'église du village.

III

ORGANISATION MÉDICALE.

Un médecin interne réside à la colonie et surveille l'exécution des prescriptions médicales.

Le médecin en chef fait chaque jour la visite de midi à deux heures. C'est lui qui ordonne toutes les mutations à faire de l'asile de Clermont, et réciproquement; fixe le genre de travail auquel doit se livrer chaque malade; a enfin la direction morale et disciplinaire de toute la colonie.

Au sujet des mutations nécessitées souvent par les changements survenus dans l'état mental ou la santé des aliénés, toute colonie ne peut se créer que comme succursale d'un asile principal, dont la population assez nombreuse pourra toujours permettre de faire ces déplacements sans nuire à l'organisation générale. Établir des sections de surveillance spéciale et même des infirmeries dans une telle colonie serait lui enlever son cachet distinctif, et entraînerait une complication de services qui seraient toujours défectueux.

Tout colon atteint de maladie incidente ou dont les accès d'aliénation exigent un traitement suivi et une surveillance spéciale est renvoyé immédiatement à l'asile de Clermont. La colonie ne doit être habitée que par des malades dociles et valides qui permettent d'y maintenir sans cesse l'ordre et la régularité des services.

Le but médical de la colonie est de placer autant que possible les aliénés dans les habitudes de la vie sociale : existence en commun, occupations toujours utiles, liberté sagement limitée ; toutes ces conditions doivent nécessairement amener entre les colons des relations d'intimité réciproque, les intéresser dans leurs travaux et leur inspirer des sentiments de considération personnelle qui leur font apprécier les services dont ils sont capables et éloignent de leur esprit toute idée de séquestration et de répression.

Aussi n'avons-nous jamais voulu y établir aucun moyen de coercition ; tout colon indocile est renvoyé immédiatement à l'asile de Clermont ; ce renvoi seul est presque toujours, pour beaucoup, une punition à laquelle ils sont très-sensibles.

Les colons font tous les dimanches des promenades au dehors par groupes de vingt ou trente ; quelques-uns même ont la permission de sortir librement sans être accompagnés ; et jamais nous n'avons eu à regretter cette tolérance.

IV

APPLICATION DU TRAVAIL DES ALIÉNÉS AUX SERVICES DE LA COLONIE.

A la colonie de Fitz-James, plus encore que dans l'asile de Clermont, l'organisation des services doit être la partie inhérente du traitement des aliénés. La régularité de la vie, l'ordre disciplinaire auquel doit être soumis tout travail, le genre des occupations données à chaque individu selon son aptitude, ne sont-ils pas, en effet, d'un grand secours pour arriver à exercer et à distraire des intelligences affaiblies ou perverties? Chaque colon devra donc trouver, dans la diversité des travaux qui se présentent chaque jour, tous les éléments favorables au développement et à l'exercice de son activité physique et intellectuelle.

Les pensionnaires y rencontrent, en dehors des occupations auxquelles ils peuvent se livrer, des conditions de liberté et de vie de famille qu'il est difficile de trouver au milieu d'une grande agglomération de malades.

A cet effet, les dispositions de leurs sections, comme nous l'avons dit plus haut, sont faites pour n'en recevoir qu'un très petit nombre. Plusieurs ont leurs domestiques particuliers qui les accompagnent dans leurs promenades au dehors; quelques-uns même ont la faculté de sortir seuls; et, sans quitter la colonie, ils trouvent tous dans ce mouvement incessant d'une grande exploitation assez de sujets de distraction pour que leur séjour y soit agréable.

Chez les aliénés indigents, qui représentent une population

de près de 300 individus et occupent les sections de la ferme et de Bécrel, on comprend qu'il n'en doit pas être de même. Aussi est-ce là qu'est l'organisation sérieuse et intéressante de la colonie.

En créant la colonie de Fitz-James, nous avons d'abord voulu que les malades y fussent dans un milieu tout différent de celui de Clermont. Ce passage d'un établissement dans un autre devait produire tous les éléments d'amélioration et de guérison pour quelques-uns, et les avantages de liberté et de bien-être pour tous.

Au point de vue médical, la condition la plus favorable de l'établissement consistait principalement dans son éloignement de l'asile et dans la complète différence de son organisation, qui en faisaient un établissement nouveau, où chaque aliéné trouvait des habitudes nouvelles, des occupations plus variées et des distractions plus attrayantes.

La diversité des travaux de Bécrel et de la ferme, la régularité obligée des services de ces deux établissements, amenaient du reste forcément un changement dans la nature des occupations et dans la répartition du temps de la journée qui sont suivies à l'asile de Clermont, et nous ont rendu facile l'application de cette idée.

La colonie doit donc offrir aux convalescents et aux curables tranquilles les moyens les plus prompts de hâter leur amélioration; elle doit donner à leurs forces physiques, par la sage application des travaux qu'ils y trouvent, une activité salutaire, amener par l'attrait de ces travaux une heureuse modification dans le caractère de leur affection mentale, et, par la grande liberté qu'ils y rencontrent, les faire rentrer peu à peu dans les habitudes de leur vie privée. Aussi tous les malades de l'asile qui, après un certain temps d'observation et de traitement, nous paraissent devoir avantageusement profiter de ces heureuses conditions, sont-ils dirigés le plus tôt possible sur Fitz-James.

Les incurables y trouvent dans la discipline et la régularité de la vie, principaux éléments de son organisation, des habitudes d'ordre et de travail qui en font des ouvriers dociles et laborieux.

A *Bécrel*, où se fait tout le blanchissage de l'asile, travail qui demande une certaine attention et une activité physique constante, les femmes qui y sont employées sont prises en grande partie parmi les malades agitées de l'asile de Clermont. Celles qui sont au lavoir et à la buanderie sont presque généralement atteintes d'un délire bruyant et ne pouvaient se plier au calme de la vie d'atelier; nous avons choisi ces malades parmi les plus robustes et les plus capables de se livrer à ce genre d'occupations. Celles occupées à étendre le linge sont des mélancoliques chez lesquelles ce genre de travail peut ramener l'activité vitale qui leur fait si souvent défaut. Les imbéciles et idiotes sont chargées du transport du linge du lavoir au séchoir. Les ateliers de triage et de pliage du linge sont dans les attributions des malades tranquilles monomanes et dont les idées fixes ou hallucinations permettent une attention assez soutenue. Beaucoup de convalescentes et quelques pensionnaires sont employées à cette dernière occupation et à la couture.

Voici le nombre des malades employées dans cette section selon leurs diverses attributions :

Au lavoir	50
A la buanderie	4
Au pliage	8
Aux séchoirs	8
Aux transports	6
Aux services généraux	6
A la couture	25
	107

A la *ferme*, où les travaux sont si divers, tous les genres d'affections mentales se rencontrent. Là chacun peut se rendre utile, et depuis le malade chargé du balayage de la ferme et des chemins jusqu'à celui à qui est confiée la conduite de chevaux et d'instruments aratoires, il y a choix d'occupations utiles et attrayantes.

Tous les colons sont organisés par escouade, et chaque escouade représente pour ainsi dire l'aptitude intellectuelle des individus qui la composent. Certains ateliers essentiels à toute exploitation agricole, tels que charronnage, serrurerie, menuiserie, peinture, etc., existent aussi dans l'intérieur de la ferme, et sont occupés par des malades sous la surveillance du chef mécanicien.

Les travaux des champs et des ateliers, les soins et la conduite des bestiaux et des instruments aratoires, sont dans les attributions des maniaques, monomanes et déments. Les imbéciles et idiots sont chargés de la propreté des cours et des étables et de tous les transports nécessaires au service.

Voici le nombre des malades de la ferme selon la nature de leurs occupations :

Grande culture.	60
Basse-cour.	15
Vacheries.	8
Écuries.	6
Porcheries.	8
Bergeries.	4
Conduite de chevaux et instruments aratoires.	5
Hommes de peine.	10
Services intérieurs.	20
La cuisine.	3
A REPORTER.	139

Report	139
Meuniers	2
Machine à vapeur	1
Maréchal ferrant	1
Tourneur	1
Charron	1
Peintre	1
Abattoirs	2
Enfants plus ou moins occupés suivant leur aptitude	22
	170

La surveillance de la ferme et de Bécrel est faite par un surveillant et une surveillante en chef.

Chacun de ces employés a sous ses ordres tous les gardiens, gardiennes et chefs d'ateliers ou d'escouades. Ce sont eux qui transmettent les ordres et la distribution du travail pour la journée, prescrits le matin par le directeur de la colonie. Les aliénés de la ferme qui vont aux champs ou aux divers travaux sont réunis en escouades de douze ou quinze individus; un chef est chargé de les diriger dans leurs travaux et de les surveiller.

Plusieurs escouades se réunissent ensemble selon les besoins des services, et restent toujours sous la surveillance et la responsabilité de chacun de leurs chefs.

La répartition du temps dans la journée diffère selon les saisons d'été et d'hiver.

En été, les colons se lèvent à cinq heures du matin, font leur lit, prennent un premier repas et vont au travail à six heures. Ils rentrent à huit heures pour déjeuner, reprennent leurs travaux à neuf heures et rentrent à onze. Il y a repos et second déjeuner jusqu'à deux heures, travail jusqu'à quatre; repos et goûter jusqu'à cinq, et le travail se termine à six heures et demie; puis les colons rentrent souper et se couchent à huit heures.

Pour ceux qui vont aux champs assez loin, le premier déjeuner et le goûter se font sur place, afin d'éviter des allées et retours fatigants.

Les terres les plus éloignées de la ferme n'en sont du reste distantes que d'un kilomètre au plus.

Dans l'hiver, les colons se lèvent à six heures, font un premier repas et ne travaillent que de sept à huit heures; aucun malade ne sort de la ferme le matin dans cette saison. Après un premier déjeuner, ils vont au travail à neuf heures, et y restent jusqu'à midi. De midi à deux heures, second déjeuner et repos; de deux à quatre ou cinq heures, travail; puis souper à six heures, et coucher à sept heures et demie.

La durée du travail est donc, en moyenne, de six heures par jour.

Chaque travailleur a pour rétribution un pécule selon l'importance de son travail, et un supplément de régime alimentaire.

Nous avons réuni à la ferme une section d'enfants idiots ou imbéciles. Ces enfants occupent une salle de réunion et d'école, et un dortoir complètement séparés des autres malades. Il y a quatre heures d'école par jour. Dans l'intervalle des leçons, quelques-uns s'occupent dans la ferme, les autres font des promenades au dehors.

Lorsque ces enfants parviennent à un certain âge et sont susceptibles de la moindre éducation, ils vont dans les ateliers de l'asile de Clermont, et y apprennent un état. Aujourd'hui il y a déjà parmi ces enfants deux tailleurs, un cordonnier, un menuisier et un serrurier, qui s'occupent utilement.

V

RÉSULTATS AU POINT DE VUE MÉDICAL ET ADMINISTRATIF.

Les résultats obtenus dans la colonie depuis sa création n'ont été qu'une suite de succès au point de vue du traitement médical et des avantages administratifs. C'est la réalisation pratique la plus complète de tout ce qui s'est dit dans cette partie du traitement mental et de l'organisation administrative de tout asile d'aliénés.

Des imbéciles, des idiots, des déments, des agités dangereux et incapables, sont devenus des ouvriers dociles, laborieux et même assez intelligents. Des malheureux incurables, qui n'avaient jamais été qu'un sujet de danger et de scandale pour le pays et une charge pour leur famille, ont pu sortir de l'asile. Ces malades, rentrés dans la vie privée, sont devenus, par l'habitude de cette vie disciplinaire et laborieuse de la colonie, des sujets soumis et capables d'occupations lucratives.

Les convalescents et les curables de la colonie y restent généralement peu de temps; l'état mental des uns faisant de rapides progrès vers la guérison; les autres étant renvoyés dans leur famille indigente aussitôt qu'ils peuvent lui être utiles. Cependant, pour les colons de la ferme, nous avons voulu que dans leur court passage ils pussent en retirer un avantage fructueux pour l'avenir.

Dans cette intention, nous avons fait de cet établissement une sorte d'école d'agriculture pratique. Tout ce qui paraît d'instruments aratoires nouveaux et utilement pratiques est mis entre les mains ou fonctionne sous les yeux des malades. La position même de la colonie, près de Clermont, centre d'un pays essentiellement agricole, fait que tous les essais de nouveaux instruments, faucheuses, moissonneuses, etc., ont lieu sur les terres de la ferme; et ce sont toujours les colons qui aident à ces expériences.

L'élevage des bestiaux et leur engraissement sont aussi mis en pratique sur une large échelle; et chaque année des primes rapportées des concours régionaux viennent indiquer au colon la supériorité de la race de l'animal qui a été élevé sous ses yeux et qu'il a vu choisir pour ces concours.

Les habitations de la section, les cours, les étables, les écuries de la ferme, sont tenues avec une propreté et un ordre extrêmes; chaque instrument dont on s'est servi est nettoyé et remis à sa place; chacun des bestiaux pansé à heures fixes; enfin tous les détails d'une administration vigilante et bien ordonnée donnent à ceux qui s'en occupent, et qui peuvent en apprécier l'utilité, des habitudes et des connaissances d'ordre et de soins qu'ils rapporteront chez eux avec profit.

La population des départements qui envoient leurs aliénés à Clermont est surtout agricole; on conçoit donc combien offre d'intérêt et de ressources une organisation telle que celle de la colonie de Fitz-James, et chacun appréciera combien ces ressources seront utilisées favorablement chez des individus qui y retrouveront et pourront y perfectionner leur industrie première.

Nous ajouterons qu'appropriant toujours les occupations des colons à leurs antécédents, nous donnons plus d'attrait au travail, et rencontrons ainsi une plus grande docilité, et une application plus facile et plus soutenue. Cette vie de la ferme à l'air libre réunit pour eux les conditions les plus salutaires, en leur faisant oublier leur séquestration temporaire et en leur rappelant leurs anciennes habitudes.

Cette liberté aussi large que possible, ce mode d'occupation selon l'aptitude de chacun, font de la colonie un séjour auquel les malades s'habituent vite et facilement. Aussi les évasions y sont-elles généralement très-rares, et on en compte à peine cinq ou six au plus par an. Cependant, pour remédier à de semblables accidents, nous avons donné à chaque colon un uniforme qui le fait reconnaître aisément, de sorte que les évadés restent peu de temps au dehors : ceux qui vont dans leur pays, l'autorité locale étant prévenue aussitôt de cette évasion, sont ramenés immédiatement par leur chef d'escouade, sur qui incombent tous les frais de cette réintégration; les autres qui peuvent errer dans les environs sont reconduits bientôt par les habitants des pays voisins.

Grâce à toutes ces conditions de vie exceptionnelle, la colonie depuis sa création n'a encore eu à déplorer aucun suicide, et cependant la plupart des mélancoliques, même avec penchant au suicide, y sont envoyés. C'est là en effet que ces malheureux peuvent trouver le meilleur moyen d'amener une heureuse diversion à leurs fatales idées. Ces malades sont du reste soumis à une surveillance toute spéciale, et qui est faite par les colons eux-mêmes. Un aliéné doit-il être surveillé attentivement, il est recommandé à deux colons tranquilles qui, par leur caractère doux et facile, peuvent le distraire et le détourner de ses funestes prédispositions. Il fait partie de la même escouade, vit dans leur continuelle compagnie; et si ces surveillants d'un autre genre parviennent à empêcher une tentative de suicide ou d'évasion, ils reçoivent une rétribution qui est la récompense de leurs soins attentifs.

Cette protection mutuelle des colons doit développer naturellement chez eux des sentiments d'intimité et d'affection réciproques, qui ont une heureuse influence sur leurs facultés morales et leur rendent l'existence en commun agréable et attrayante. Chez le protecteur, l'idée de la considération personnelle dont il jouit, la confiance qu'on lui témoigne, et les services dont on le juge capable, et qu'il s'attend à voir appréciés, lui font espérer une sortie prochaine; chez le protégé elle établit des relations de jour en jour plus faciles, qui éloignent peu à peu cette méfiance qui est le caractère habituel de beaucoup d'aliénés.

Au point de vue des avantages administratifs, les phases difficiles que l'administration de Clermont a traversées avec un succès décisif suffiraient seules pour prouver la nécessité d'une telle colonie dans tout asile d'aliénés.

Depuis douze ans, malgré sept années d'une cherté de grains exceptionnelle, malgré les secousses révolutionnaires qui ont ébranlé tant de solides établissements, malgré l'élévation croissante du prix de toutes les denrées alimentaires, malgré deux épidémies de choléra qui ont à deux reprises décimé la population, jamais l'asile de Clermont n'a été pour les départements une charge plus forte que celle indiquée dans les traités passés avec eux (1). Cet établissement a toujours été en progressant, et le chiffre de la population, qui ne s'élevait qu'à 735 aliénés au moment de notre entrée dans la direction, serait indubitablement de plus de 1,300 malades aujourd'hui, sans la décision de M. le ministre, qui a fixé, il y a deux ans, sa population à 1,200.

A cette époque elle était de 1,285; aujourd'hui elle est de 1,227 aliénés, dont 561 hommes et 666 femmes, répartis en 1,012 indigents et 215 pensionnaires.

Cette prospérité toujours croissante, qui a permis des améliorations continuelles et la création toute nouvelle de la colonie, sont aujourd'hui pour les administrations départementales de l'Oise, Seine-et-Oise, Seine-et-Marne, l'Aisne et la Somme, la garantie des soins donnés à leurs aliénés, et ont été pour ces départements, depuis la fondation de l'asile de Clermont, une source d'économie budgétaire exceptionnelle, si l'on compare les prix de journée de

(1) Depuis la création de l'asile de Clermont (1852), le prix de journée est de 1 franc pour les hommes et de 96 centimes pour les femmes.

notre asile privé avec ceux des autres asiles de France. L'organisation du travail des malades dans l'asile de Clermont et la création de la colonie sont assurément le principal élément de cette prospérité.

A Clermont existent les ateliers nécessaires à tous les besoins et tous les services de l'asile, en dehors du blanchissage du linge et de l'alimentation, qui viennent de la colonie. L'importante population des malades a permis de trouver parmi eux des ouvriers exercés dans les divers corps de métiers nécessaires à l'entretien d'un pareil établissement.

Des ateliers de couture, de repassage, de confection de vêtements, de cordonnerie, de boulangerie, de serrurerie, de chaudronnerie, de peinture, de tonnellerie, de matelasserie, de menuiserie, sont tous occupés par un nombre de malades suffisant, et dirigés par autant de chefs d'atelier. Des jardins potagers d'une superficie de 18 hectares sont cultivés par les aliénés; leurs produits servent aux besoins de l'asile.

A la colonie de Fitz-James, la ferme donne en céréales pour trois mois de consommation de farine; elle donne les légumes pour toute l'année, fournit par l'engraissement des bestiaux et des volailles une viande dont le prix est bien inférieur à celui des marchés; enfin elle est une source de production première des principales denrées alimentaires de tout l'asile, en même temps qu'elle trouve chez celui-ci, par les détritus et les engrais qu'il produit, une puissante ressource pour la nourriture des bestiaux et la richesse des terres.

A la section de Bécrel se fait le travail qui demande le plus de surveillance et qui, pour tout établissement important, est une des charges les plus lourdes des services de la lingerie, le blanchissage du linge. Ce travail, depuis qu'il est organisé, procure à l'asile de Clermont une grande économie; son exécution est bien supérieure à celle qui était d'abord confiée à des mains étrangères, et le nombre d'aliénées qui y sont employées permet de renouveler fréquemment le linge destiné à entretenir la propreté des malades.

VI

APERÇUS GÉNÉRAUX SUR LES PRINCIPAUX ÉLÉMENTS QUI DOIVENT ENTRER DANS L'ORGANISATION MÉDICALE, ADMINISTRATIVE ET ÉCONOMIQUE D'UN ASILE D'ALIÉNÉS.

Depuis la loi du 30 juin 1838, le service des aliénés indigents est pour le budget de chaque département une des charges les plus lourdes.

Chercher à diminuer cette charge sans nuire au traitement et au bien-être de ces malheureux est donc rendre un véritable service au pays.

L'asile de Clermont, par son organisation administrative et la création de sa colonie, est jusqu'à ce jour celui où les aliénés ont été traités à moins de frais.

Nous appuyant donc sur l'expérience qu'a pu nous donner l'administration de cet asile, administration que nous partageons depuis douze ans avec nos frères, et sur les heureux résultats qui ont été obtenus, nous dirons quels sont les principes généraux qui nous ont dirigé dans son organisation, principes qui doivent, selon nous, présider à la création de tout établissement de ce genre.

Un asile d'aliénés doit se suffire à lui-même, c'est-à-dire qu'il doit trouver dans ses malades, par une application sagement entendue des services qu'ils peuvent rendre, tous les moyens de diminuer ses charges.

Pour cela, il faut que l'asile renferme une population assez importante, car c'est dans le grand nombre des malades qu'il sera facile de trouver les ouvriers répondant à tous les besoins de l'établissement.

L'importance de cette population permettra aussi de créer une ferme, création indispensable, comme on l'a vu, non-seulement pour le traitement des malades, mais encore pour une fructueuse administration. La ferme doit être organisée sur une échelle assez vaste, car toute exploitation de ce genre est d'autant moins onéreuse qu'elle est plus grande.

Un asile d'aliénés doit donc renfermer au moins mille malades des deux sexes. De cette population il sera facile d'extraire en dehors des malades occupés aux ateliers de l'établissement, deux cents aliénés pour être employés aux travaux de la ferme. Ce chiffre de deux cents est suffisant pour une exploitation de deux cents hectares de terres labourables, étendue indispensable aux besoins et à l'alimentation d'un tel asile.

Cette population permet en outre de faire des mutations plus fréquentes de l'asile à la ferme, mutations toujours favorables aux malades et souvent nécessaires pour l'ordre et la discipline de ce dernier établissement.

L'asile et la colonie ne doivent dépendre que d'une seule administration, dont le centre sera à l'asile.

Enfin, pour que tous les services ne rencontrent aucune entrave dans leur exécution, il ne faut qu'un chef, et ce chef doit être le médecin.

Tout, dans un asile d'aliénés, alimentation, soins hygiéniques, habitation, organisation des services intérieurs, choix du personnel, n'a qu'un but : l'ordre et l'hygiène de la maison. C'est là un des premiers moyens de traitement dans tout établissement d'aliénés. C'est donc au médecin que doit être confiée l'organisation d'un tel traitement. S'il en a la charge et la responsabilité, il doit en avoir l'entière direction.

Le service médical peut-il avoir à souffrir de cette étendue de pouvoirs?

Nous ne le pensons pas.

D'abord le médecin en chef, réunissant dans ses mains l'administration de l'asile et la direction du traitement médical, évite tous les tiraillements qui sont souvent la conséquence de deux volontés différentes, et rend ainsi beaucoup plus facile l'exécution de l'ensemble de tous les services.

Puis la population d'un tel établissement n'exige pas un traitement régulièrement suivi par tous les malades.

Sur une population de 1,000 individus que comprend un asile comme celui de Clermont, qui reçoit tous les aliénés de cinq départements, il y en a le quart au plus de curables; c'est le résultat que nous ont donné les statistiques médicales depuis dix ans.

Si dans le traitement de ces derniers malades le médecin en chef est secondé par des adjoints, chargés de surveiller tous les détails du service médical, de tenir les observations, et de lui faire connaître tous les incidents survenus dans le cours de ce traitement, la direction générale de ce service lui en sera grandement facilitée.

Chez les incurables, soumis surtout à cette vie disciplinaire qui est pour eux le seul traitement applicable, la visite de chaque jour suffira au médecin en chef pour ne pas les perdre de vue et amener les changements que leur état mental ou leur santé peuvent nécessiter.

Cette visite sera en même temps pour lui le moyen le plus facile d'exercer la surveillance générale sur tous les autres services.

Cette fonction, qui peut paraître si lourde, sera du reste allégée par une organisation administrative hiérarchique bien entendue, le choix d'un personnel dévoué et intelligent, et surtout une liberté d'action aussi large que possible.

Telles sont pour nous les premières conditions d'organisation de tout asile d'aliénés :

Population nombreuse, organisation du travail pour tout ce qui a rapport aux besoins de l'établissement, création d'une colonie agricole, service administratif et médical sous la direction d'un seul chef, qui doit être le médecin.

Nous sommes convaincu qu'avec ces éléments un asile d'aliénés doit présenter tous les avantages d'une administration peu onéreuse, et toutes les garanties du meilleur mode d'assistance et de traitement des malades.

APPENDICE

Nous présentons, en terminant ce Mémoire, quelques tableaux qui indiquent le mouvement général des entrées et des sorties des aliénés traités dans la ville de Clermont, pendant la période de 1851 à 1859 inclusivement (1).

Nous n'avons pas séparé dans cette statistique les aliénés traités à la colonie de ceux de l'asile, parce que, nous l'avons dit, ces deux établissements n'en forment qu'un seul, qu'ils sont sous la même direction médicale, et que les malades n'y sont jamais stationnaires.

Le premier tableau indique la nature de l'affection mentale des aliénés qui sont entrés dans l'asile pendant cette période de neuf années. Nous avons cru devoir diviser ces malades en incurables et curables, afin de présenter les différences proportionnelles qui existent entre ces deux catégories d'aliénés.

Le chiffre des entrées a été de **3,788**, dont :

1,872 hommes,
1,916 femmes.

(1) Nous nous proposons de faire paraître au commencement de l'année prochaine une statistique complète du service médical de l'asile pendant ces dix dernières années.

APPENDICE.

Ce nombre de malades se divise en :

2,428 incurables, dont. . . . . { 1507 hommes, 1121 femmes ;

1,360 curables, dont. . . . . . { 565 hommes, 795 femmes,

ce qui donne comparativement au chiffre des entrées la proportion de :

Pour les hommes. . . . . { incurables. . 75,16 p. 0/0
curables. . . 24,84 p. 0/0

Pour les femmes. . . . . { incurables. . 58,24 p. 0/0
curables. . . 41,76 p. 0/0

Et pour la totalité des. . . . . . { incurables. . . . 67 p. 0/0
curables. . . . 33 p. 0/0

ENTRÉES PENDANT LA PÉRIODE DE 1831 A 1859

TABLEAU N° 1.

	INCURABLES											CURABLES									
	NATURE DE LA MALADIE MENTALE											NATURE DE LA MALADIE MENTALE									
	IDIOTIE	IMBÉCILLITÉ	FAIBLESSE INTELLECTUELLE	DÉLIRE GÉNÉRAL CHRONIQUE	DÉLIRE PARTIEL CHRONIQUE	DÉLIRE PARTIEL OPPRESSIF CHRONIQUE	DÉLIRE CHRONIQUE INTERMITTENT	DÉMENCE	ÉPILEPSIE	PARALYSIE GÉNÉRALE	TOTAL	DÉLIRE GÉNÉRAL	DÉLIRE PARTIEL	DÉLIRE PARTIEL OPPRESSIF	DÉLIRE INTERMITTENT	STUPIDITÉ	DELIRIUM TREMENS	ÉPILEPSIE	HYSTÉRIE	TOTAL	TOTAL GÉNÉRAL
Hommes. .	104	151	150	41	52	24	12	202	139	432	1307	143	206	135	9	25	44	3	»	565	1872
Femmes . .	82	76	151	34	78	54	14	413	119	100	1121	211	277	254	19	33	2	2	17	795	1916
Total général.	186	207	301	75	130	78	26	615	258	532	2428	354	483	389	28	58	46	5	17	1360	3788

Le mouvement général des sorties fait l'objet du deuxième tableau.

SORTIES GÉNÉRALES

TABLEAU N° 2.

	GUÉRISON	AMÉLIORATIONS OU Convalescences	TOTAL DES GUÉRISONS OU Convalescences	SANS GUÉRISON	ÉVASIONS	TOTAL GÉNÉRAL
Hommes.	251	141	392	167	27	586
Femmes.	333	116	449	114	2	565
Total. . . .	584	257	841	281	29	1151

APPENDICE.

Ces sorties ont eu lieu par guérison, amélioration ou convalescence, sans guérison, et par évasion.

Les sorties par guérison sont de

584, dont. . . . . { 251 pour les hommes,
333 pour les femmes,

ce qui donne, comparativement au chiffre total des entrées, la proportion de :

Pour les hommes. . . . . 13,40 p. 0/0
Pour les femmes. . . . . 17,36 p. 0/0
Et pour la totalité des aliénés.. . . . . 15,40 p. 0/0

Et, comparativement au chiffre des aliénés curables, la proportion de :

Pour les hommes. . . . . 44,42 p. 0/0
Pour les femmes. . . . . 41,87 p. 0/0
Et pour la totalité des aliénés curables. . . . . 42,94 p. 0/0

Les sorties par convalescence ou amélioration ont été de :

257, dont. . . . . { 141 pour les hommes,
116 pour les femmes,

ce qui donne, comparativement au chiffre total des entrées, la proportion de :

Pour les hommes. . . . . 7,36 p. 0/0
Pour les femmes. . . . . 6,05 p. 0/0
Et pour la totalité des aliénés. . . . . 6,20 p. 0/0

Et, comparativement au nombre des aliénés curables, la proportion de :

Pour les hommes. . . . . 24,95 p. 0/0
Pour les femmes. . . . . 14,95 p. 0/0
Et pour la totalité des curables. . . . . . . 18,08 p. 0/0

Enfin, si l'on compare le chiffre total des sorties par guérison, amélioration et convalescence, avec celui des entrées, on a la proportion de :

Pour les hommes. . . . . 20,94 p. 0/0
Pour les femmes.. . . . . 23,43 p. 0/0
Et pour la totalité des aliénés. . . . . 22,19 p. 0/0

Et, comparativement aux malades curables, la proportion de :

Pour les hommes.............. 69,38 p. 0/0
Pour les femmes.............. 56,47 p. 0/0
Et pour la totalité des curables........ 61,80 p. 0/0

Les sorties sans guérison indiquent les translations des aliénés de l'asile de Clermont dans un autre, ou leur réintégration dans leur famille.

Ces sorties sont au nombre de

281, dont.......... { 167 pour les hommes,
114 pour les femmes.

Il y a eu 29 évasions, 27 chez les hommes et 2 chez les femmes.

Ces évasions sont celles qui ont motivé un nouvel arrêté de placement de la part des autorités, pour faire réintégrer dans l'asile les aliénés qui n'ont pu y être ramenés peu de temps après leur évasion.

Le troisième tableau indique le nombre des sorties d'après le séjour des malades dans l'asile et la durée de leur traitement.

SORTIES D'APRÈS LE SÉJOUR DES MALADES DANS L'ASILE

TABLEAU N° 3.

NATURE DE LA SORTIE	PREMIER TRIMESTRE				2e TRIMESTRE		3e TRIMESTRE		4e TRIMESTRE		2e ANNÉE		3e ANNÉE et au-dessus		TOTAUX		TOTAL GÉNÉRAL
	1er mois		2e et 3e mois														
	H.	F.	H.	F.	H.	F.	H.	F.	H.	F.	H.	F.	H.	F.	H.	F.	
Guérison . . . Hommes.	14	»	54	»	61	»	28	»	25	»	37	»	32	»	251	»	584
Femmes.	»	15	»	75	»	71	»	48	»	28	»	52	»	46	»	333	
Amélioration ou convalescence.. Hommes.	20	»	31	»	26	»	17	»	13	»	13	»	21	»	141	»	257
Femmes.	»	10	»	25	»	30	»	10	»	9	»	20	»	12	»	116	
Totaux . . . Hommes.	24	»	85	»	87	»	45	»	38	»	50	»	53	»	392	»	841
Femmes.	»	25	»	98	»	101	»	58	»	37	»	72	»	58	»	449	
Total général . . .	49		185		188		103		75		122		111		841		

Nous n'avons donné que les sorties par guérison, amélioration ou convalescence; celles survenues sans guérison ou sans évasion ne présentent aucun intérêt médical.

Le premier mois et le premier trimestre sont toujours ceux où la proportion des sorties est la plus forte. Les guérisons diminuent sensiblement chaque trimestre, et on voit que dans les années qui suivent elles sont en très-petit nombre. Il en est de même pour les améliorations et les convalescences.

Dans le quatrième tableau (*Voir* page 32), le chiffre des guérisons et des améliorations, selon la nature de la maladie mentale, suit la même proportion que celui des entrées du premier tableau.

Ainsi le délire général, le délire partiel, le délire oppressif, étant les genres d'affection mentale le plus nombreux, sont ceux qui ont donné le plus de guérisons; cependant, en comparant le chiffre des guérisons pour chaque genre d'affections avec celui des entrées pour ces mêmes affections, on voit que celles qui ont présenté le plus de succès ont été par ordre de priorité :

1° Le delirium tremens a donné 36 guérisons et améliorations sur 46 entrées : soit 78,26 p. 0/0
2° L'hystérie   13   --   —   17   —   76,17 —
3° La stupidité   34   --   —   58   —   58,62 —
4° Le délire général   199   —   —   354   —   56,21 —
5° Le délire partiel   255   —   —   483   —   52,79 —
6° Le délire partiel oppressif 194   —   —   369   —   52,57 —
7° Le délire intermittent   14   —   —   28   —   50,00 —

95 sorties ont eu lieu parmi les aliénés incurables. L'état de calme survenu chez ces malades, l'habitude d'une vie régulière qu'ils ont contractée dans l'asile, l'éloignement et l'innocuité de leurs accès, nous ont permis de rendre ces aliénés à leur famille, et de considérer leur état mental à leur sortie comme une véritable amélioration.

SORTIES D'APRÈS LA NATURE DE LA MALADIE MENTALE

TABLEAU N° 4.

NATURE DE LA MALADIE MENTALE		GUÉRISON H	GUÉRISON F	AMÉLIORATIONS CONVALESCENCES H	AMÉLIORATIONS CONVALESCENCES F	TOTAL DES GUÉRISONS ET DES CONVALESCENCES H	TOTAL DES GUÉRISONS ET DES CONVALESCENCES F	TOTAL GÉNÉRAL	NATURE DE LA MALADIE MENTALE		GUÉRISON H	GUÉRISON F	AMÉLIORATIONS CONVALESCENCES H	AMÉLIORATIONS CONVALESCENCES F	TOTAL DES GUÉRISONS ET DES CONVALESCENCES H	TOTAL DES GUÉRISONS ET DES CONVALESCENCES F	TOTAL GÉNÉRAL
INCURABLES									**CURABLES**								
IDIOTIE	Hommes	»	»	»	»	»	»	»	DÉLIRE GÉNÉRAL	Hommes	72	»	15	»	87	»	199
	Femmes	»	»	»	»	»	»			Femmes	»	96	»	16	»	112	
IMBÉCILLITÉ	Hommes	»	»	5	»	5	»	7	DÉLIRE PARTIEL	Hommes	76	»	29	»	105	»	255
	Femmes	»	»	»	2	»	2			Femmes	»	120	»	30	»	150	
FAIBLESSE INTELLECTUELLE	Hommes	»	»	17	»	17	»	22	DÉLIRE PARTIEL OPPRESSIF	Hommes	47	»	22	»	69	»	194
	Femmes	»	»	»	5	»	5			Femmes	»	88	»	37	»	125	
DÉLIRE GÉNÉRAL CHRONIQUE	Hommes	»	»	1	»	1	»	1	DÉLIRE INTERMITTENT	Hommes	5	»	2	»	7	»	14
	Femmes	»	»	»	»	»	»			Femmes	»	6	»	1	»	7	
DÉLIRE PARTIEL CHRONIQUE	Hommes	»	»	8	»	8	»	12	STUPIDITÉ	Hommes	20	»	2	»	22	»	34
	Femmes	»	»	»	4	»	4			Femmes	»	10	»	2	»	12	
DÉLIRE PARTIEL OPPRESSIF CHRONIQUE	Hommes	»	»	4	»	4	»	4	DÉLIRIUM TREMENS	Hommes	30	»	4	»	34	»	36
	Femmes	»	»	»	»	»	»			Femmes	»	2	»	»	»	2	
DÉLIRE CHRONIQUE INTERMITTENT	Hommes	»	»	2	»	2	»	2	ÉPILEPSIE	Hommes	»	»	»	»	»	»	1
	Femmes	»	»	»	»	»	»			Femmes	»	1	»	»	»	1	
DÉMENCE	Hommes	»	»	2	»	2	»	9	HYSTÉRIE	Hommes	»	»	»	»	»	»	15
	Femmes	»	»	»	7	»	7			Femmes	»	10	»	5	»	15	
ÉPILEPSIE	Hommes	»	»	8	»	8	»	14									
	Femmes	»	»	»	6	»	6										
PARALYSIE GÉNÉRALE	Hommes	1	»	20	»	21	»	24									
	Femmes	»	»	»	3	»	3										
TOTAL	Hommes	1	»	67	»	68	»	95	TOTAL	Hommes	250	»	74	»	324	»	746
	Femmes	»	»	»	27	»	27			Femmes	»	333	»	89	»	422	
		1		94		95					583		163		746		

TOTAL GÉNÉRAL :
- INCURABLES : GUÉRISON 1
- INCURABLES : AMÉLIORATIONS OU CONVALESCENCES .. 94
- CURABLES : GUÉRISONS 583
- CURABLES : AMÉLIORATIONS OU CONVALESCENCES .. 163

Total : 841

EXPLICATION DU PLAN.

EXPLICATION
DU
PLAN DE LA COLONIE DE FITZ-JAMES

A. — Section de la direction.

a Habitation du directeur.
b Habitation des hommes pensionnaires.
c Préau et jardin de cette section.
d Entrée de la colonie.

B. — Section de la ferme.

a Habitation du médecin interne.
b Cuisine.
c Habitation des colons.
d Préau de cette habitation.
e Écuries.
f Grange et machine à battre.
g Moulin à farine.
h Bains.
i Machine à vapeur et ateliers.
j Porcherie.
k Ateliers.
l Vacherie.
m Abattoir.
n Grange.
o Charretteries.
p Cour de la ferme.
q Fosse à fumier.
r Chalet suisse.

C. — Section du petit château.

a Habitation des dames pensionnaires.
b Communs, cuisines, bains, etc., etc.
c Jardin et parc.

D. — Bécrel, section des femmes.

a Habitation de la surveillante.
b Habitation des malades.
c Ateliers, bains, séchoirs.
d Buanderie.
e Lavoir.
f Cour et préau.
E Terre de l'exploitation agricole.
F Prairies.
G Bois.
H Jardin potager.

TABLE DES MATIÈRES

Avant-Propos. 1
I. Description de la Colonie. 5
II. Organisation administrative et religieuse. 9
III. Organisation médicale. 10
IV. Application du travail des aliénés aux services de la colonie. 12
V. Résultats au point de vue médical et administratif. 18
VI. Aperçus généraux sur les principaux éléments qui doivent entrer dans l'organisation médicale, administrative et économique, d'un asile d'aliénés. 25
Appendice. 27

PARIS. — IMP. SIMON RAÇON ET COMP., RUE D'ERFURTH, 1

www.ingramcontent.com/pod-product-compliance
Lightning Source LLC
Chambersburg PA
CBHW061008050426
42453CB00009B/1318